AF275763

Marta Gómez de la Vega Martínez

Cuerpo en fuga

LA GARÚA · *Poesía*, 116

Primera edición: enero de 2026

© del texto: M<small>ARTA</small> G<small>ÓMEZ</small> <small>DE</small> <small>LA</small> V<small>EGA</small> M<small>ARTÍNEZ</small>
© de la presente edición:
L<small>A</small> G<small>ARÚA</small> L<small>IBROS</small>
Barcelona
www.lagaruapoesia.com

ISBN: 979-13-990034-7-5
Depósito Legal: B 592-2026

*A mi hermana, estas
respiraciones.*

la materia te la llevas a la boca
porque no sabes nombrarla

CARLA SANTÁNGELO

La poesía es un ser vivo que respira

MARINA HERNÁNDEZ

Regresa solo cuando seas sabia,
cuando puedas empuñar la ira.

INMA MIRALLES

El silencio habita

Me caen piedras por dentro
Ruedan por los contornos del hígado
se arrastran por el intestino
alojándose temporalmente
en un despiste de hueco   tras la vejiga
Gira despacio
para no rasgar
la frágil tela de las entrañas
que dan casa
a la fiera del insomnio

Muchas cosas en mis labios
pugnan   por nombrarse

Flores arrancadas de cuajo me arranco
los ojos / **veo el silencio**

Los poemas atraviesan mi espalda
salen por el pecho
coreografía de letras reptan
por el cuello   atraviesan la garganta
escupidas por un grito
exhalo   medio muerta

La tierra se resquebraja como la ternura

Treintaicinco años vagando
                              fantasma
eres un desconocido
te miro a los ojos / intento traducirte / no alcanzo

                              padre
quiero que cruja tu cara
mi llanto fósil
metido en una concha
                              quiero ser huracán
quedo vestigio

En mis sueños una bandada persigue al cuervo
Despierto / me masturbo
escapo del vacío y del interrogante
desdén   abandono
agujeros prohibidos
Mi cuerpo   mis neuronas
no son deseables

Aquella cara translúcida
                          cruje
con mi asco

Escribo borrando el silencio
Mi cuerpo es más que carne atravesada
se agota

La muerte es un acto de liberación
libres las mariquitas
libres

                                            las luciérnagas

                                    las

acuarelas
El vacío haciéndose materia

**Salvaje canta el pájaro del corazón en los bosques
de nuestra vida**

MARY OLIVER

Salvaje canta el bosque al corazón pájaro
corazón bosque canta al pájaro salvaje
pájaro salvaje canta a la vida   corazón busca
se nos escapa la vida sin cantar

Lo salvaje aguarda

La escritura me baña
sobre el capó de un coche
en peldaños vencidos
bailando charcos pegajosos
rezuman queso y miel
en balcón con vistas al Mediterráneo
recostada en tu axila

Un lápiz da poder

Amarra palabras   agazapadas
en el fondo de la boca

Una madre mancilla unas carnes tiernas
Esas mismas   son quebradas por un padre

¿Cómo sobrevivir al ultraje de esa regla sagrada?
¿Qué Dios lo permite?

Años más tarde el cuerpo empieza a recordar
Mis ojos almidonan ese caos
sentada frente a él
yo soy casa
    soy madre
            padre

Mi presencia firme
        el silencio
resquebraja la fe del arraigo

No estoy del lado de los que niegan

Una mentira   la familia

He callado   palabras
deshaciéndose   por el desagüe

¿Cómo me recordarán?

Mujer de manos grandes
con mirada profunda
Vasija amplia de fondo acogedor

Ungüento de hierbas y raíces
envolviendo carne expuesta
cuchillo afilado   también

Sigo el rastro / pájaros me rodean en círculo
aprendiéndome
huelo la tierra
escucho colores y **el viento
dicta el mensaje**

Al mirar por la ventana
se reduce el temblor   permanece el fuego

En el filo con los pies levitando
espero el avistamiento del aire

Estoy cansada del sabor de Adán y Eva

Qué decir cuando las palabras
adquieren **un orden extraño**
no pueden arropar tanto drama

Soy madre   no tengo madre
mi hijo es hermoso   está vivo

Tengo la edad colgando de los senos
fueron carne blanca digestiva
                                    refrescante
carne que tú exprimías lento
embriagado rápido
del esfuerzo que suponía
habitar las afueras

Respiro tu carne
huele a campo atardecido
Mis labios te palpan
buscando reconocerte en la piel

Querría lamer tus extremidades
y despertar el goce
congelado en mis dedos
que laten

Soy una grieta
aún tierna
Tú   **meteorito** que cayó
en el centro de mis manos

Las ciudades tienen
más de un nombre propio

Córdoba

Calor como punta de lanza alimonada
vida sigue floreciendo
a la sombra de amistades

Huele a jazmín y azahar
sudor resbala por la espalda
como unos dedos largos rozando
la memoria de ese hueco   que tu voz
madre   ya no ocupa

Escribo
manos se ofrecen
en el eco de mi voz
hallo consuelo

Su cuello arqueado como pregunta
El ala se pliega
esboza en el aire
la forma de un no
bajo el agua / la muerte

El cormorán me observa
sabe   **el idioma**
del hundimiento

Tú   que te pones frente a mí
brote que asoma
mientras ato a las fieras
no destrocen el terreno

Yo   que voy a nadar mi fuego
desatar el llanto
adorar el frío que endurece las carnes
sobreviviendo como tú

Y mis palabras   tan pequeñas

Bajo la ceniza, el pulso

Alumbro un conjunto de verdades

tengo un cuerpo

Resguardo saberes a profundidad
no hay llanto ni espera
en la noche las diosas me susurran
caldo / alimento de nubes

Despertar   el regalo

Esta mañana
el mar luce nervioso
una golondrina hambrienta
planea entre nubes
de un blanco aperlado
busca el destino perfecto

El lugar donde descansar el tórax

El terreno es fértil   **mis manos arrojan voces y lenguas**
La planicie amarillo seda es devorada por el naranja

No encuentro el color de la sacudida

Ansío la piel abierta secando al sol
otros brazos me sostengan
depositándome / luego
a la sombra de **un alféizar**
con flores frescas

La mañana afloja el tendedero
las conquistas cuelgan
un piso más abajo

Me pregunto si caerán del todo

Curioso cómo encoge la lana
ensancha el lino y se ensucia
el algodón

                        No hay pureza
en ninguno de los días
que esperan el desprenderse
del calendario

Suspiro por la huella de tu tacto
al ritmo del chispazo en mis neuronas
un arrebato acaba con los libros

                  salvaje
abolimos el decoro / nuevas posiciones

                     jilguero y mirlo

Saltemos   movamos las piernas rápido
como si la maleza
nos pinchara las plantas de los pies
que las semillas no arraiguen en nuestros tobillos

El tronar de los montes / **el zumbido del abejorro** / los
          ríos que pugnan
por desbordarse

Acerquemos el rostro con los ojos cerrados
                                        aspirando aliento
se intuye
                    savia dulce

Los besos dulces   melodía germinal
se han extinguido
el dique está seco
la tarde no sabe a dónde se dirige
pulveriza los huesos
el trote
con **la segunda piedra**

                    Duele

La primera   la arrojaría
a ver si alcanza la habitación
de aquel   que dejó
rastro equivocado

El antídoto del amor
es nuca quemada bajo el sol
veraniego / Arden los despojos
agosto siempre ofrece

un catálogo de cenizas

Me arrastro
        desollándome la escama
que recubre mi cansancio
en penitencia aprieto la cadera / **fisura en la corteza** /
        la tierra
se hunde dentro
escarban los hombros   abriendo
un minúsculo hueco en la espalda

pesa la cabeza

el centro   de nada
mi pecho se pliega como valle espeso
escucho el chasquido de los muslos
grietas sedientas

Clavo las rodillas sin esperanza ni costumbre

Dios mío

qué soy sino una monja farsante
postrada en las raíces del manzano

En mis plegarias musito los amantes
palpita la flor entre mis piernas   emite un olor dulce
para que estas bocas tardías no sucumban
en un bosque de escarcha

Hundo la cadera / dejo en la mesilla la caja de Almax / ¿siento dolor o alivio? / guindillas / ¿me amarás algún lunes? / naranja láser / esperarte aumenta lo ácido del piso recién estrenado / ¿no ves qué horas? / el dedo huele a sexo / no lo sé, amar está sobrevalorado / aullando como gata en celo / ¿a qué suena el adiós? / húmedo y maleable como la arcilla /¿de qué color es el orgasmo? / el frío azota los muros y se abre un pequeño hueco en la clavícula / ¿qué textura tiene la memoria? / preservativos sabor limón / ¿pero me quieres? / desearte es suficiente / **¿qué sabor tiene la tormenta?**

El ala rota del mundo

A Carolina Conti

qué confuso tener piernas

La vida pesa aunque permanezcamos quietos / los pies
soportan el peso del riesgo inasumible / excesos
        masticados
De rodillas ante el espejo / veneramos el rugido de esos
talismanes

Observo desde lo alto del cerro
Saltan los alces la barrera del sonido
los caballos se extienden al sol
vomitan bilis hambrientos de belleza
las cabras mueven la batuta
con gesto espasmódico

La vida se retuerce

El silencio apaga las luces
de esas casas que alimentan secretos

Unos pendientes cobre cuelgan
buscando inclinarse
pedir el perdón
o la fuerza   no sé bien
El suelo tiembla / una cierva
se estrella contra el humo
no distingue el camino

Todo parece estar en el borde

como nosotras

que sostenemos
con manos vaciadas

Veo fuego en las montañas / espejo roto reflejando lo que no existe / misterios por desvelar / vidas encogen en los bolsillos / conduzco por carreteras imposibles / las tensiones del invierno se evaporan / cae una roca / el olor a porro flota en la pendiente / visto al verano con tinta azul / ojalá todo el mundo hibernara en su guarida / **el mundo y sus placeres fueran todos míos**

La piel rasca
alfombra que se adentra en el vacío
animales varados en la costa
de un mar que los expulsa
o son ellos los que huyen
rumbo a tierra

para encontrar el fin

La piel muere y muere
una encima de otra
como los errores

Explotan los cielos
con la rabia del que sin clemencia
no perdona   la desmesura

Se anegan los peces
todo nada lento

Ellos rezan
a **la Virgen de la Piedad**
que espera en su trono de espaldas
por su velo de hilo y seda
caen las peticiones   de los vulnerables

Amanece salvaje
aúllan las cejas / muere el reposo
al alba
          duelo de asalariados
retumban
el sol no tiene compasión
arrasa el limbo en la hamaca

Desvelo

entre mis manos   la última sed

Se desvanece el oro
convertido en carbón negro molido
por unas manos perforadas

Tiemblan al ritmo de la pobreza

El hombre devora todo
arrastra hendiduras
en tierra marchita
que anuncia estío

Mis pies abiertos
balbucean sobre la gravilla
rastreando llanura húmeda
promesa de un vergel
donde recobrar el aliento

Al filo del mediodía
el pulmón se ensancha
un calor trepa

a las puertas del monte

El silencio   voz de los que no escuchan
oírte es lo que espero   oírme
palpar cada centímetro de esta voz áspera
también gritar   como la tierra
que ruge en llaga

Me tumbo en el suelo boca arriba
extendiendo los brazos   los dedos
aguardan
raíces beben del manantial

¡Hierba del fuego, atrae la miel a mis labios!

Los párpados caen
no quieren ver
                         Descanso
La playa riega todo
y en el centro del cuerpo
                         una vela caliente

Índice

CUERPO EN FUGA

LA GARÚA
P O E S Í A

*****

Cuerpo en fuga, de *Marta Gómez de la Vega Martínez*,
se terminó de imprimir y encuadernar en enero de 2026.
Para la composición del texto se ha utilizado la tipografía
Goudy Old Style sobre papel munken print de 90 gr.